# Propósito

Por qué a las marcas con propósito
les va mejor e importan más

**David Hieatt**

**Para Clare, Stella y Tessa**

© Ediciones Kōan, s.l., 2022
c/ Mar Tirrena, 5, 08912 Badalona
www.koanlibros.com • info@koanlibros.com

Título original: *Do Purpose*
© The Do Book Company 2014
Works in Progress Publishing Ltd

Texto © David Hieatt 2014
Traducción © Eva Dallo 2022
Fotografía © Olaf Ladousse 2014
Ilustraciones © Andrew Paynter 2014

ISBN: 978-84-18223-55-6 • Depósito legal: B-9262-2022
Diseño de cubierta: James Victore
Diseño del libro: Ratiotype
Maquetación: Cuqui Puig
Impresión y encuadernación: Liberdúplex
Impreso en España / *Printed in Spain*

1ª edición, septiembre de 2022

# Contenido

# ENCUENTRA LO QUE AMAS

En mi opinión, las marcas más importantes del mundo te hacen sentir algo. Esto es así porque hay algo que quieren cambiar. Y, como clientes, queremos ser parte de ese cambio.

Son empresas que dan la impresión de ser más humanas. Sus fundadores nos hablan de cómo podría ser el mundo. Desnudan su alma ante nosotros.

Tienen una razón para existir más allá de los simples resultados económicos: cuentan con un propósito.

Sí, admiramos el producto que fabrican. Pero lo que más nos encandila de estas compañías es el cambio que están propiciando.

Nos encantan las marcas con propósito.

# LA GENTE CUERDA RENUNCIA

Poner en marcha un negocio es difícil. Hay que trabajar como un loco y sostener ese ritmo durante bastante tiempo. Cobrando poco, con horarios horribles y toneladas de estrés. Cualquier persona normal y razonable renunciaría. Y eso es justamente lo que pasa. Cuando las cosas se ponen difíciles, y siempre se llega a esa instancia, la gente cuerda renuncia.

Pero los emprendedores movidos por un propósito son diferentes. Se enamoran de poder marcar la diferencia, así que tienen que encontrar la manera de lograrlo. Su amor les impide dejar la tarea. El amor les hace perseverar.

El amor los vuelve ciegos a toda la preocupación y el estrés. Y es su propósito el que alimenta ese amor.

# CAPÍTULO UNO

# PROPÓSITO

# DIBUJA TRES CÍRCULOS

Aquí tienes un ejercicio que te ayudará a encontrar tu propósito. Primero, dibuja tres círculos.

En el primer círculo escribe lo que más te gusta hacer; en el segundo círculo escribe lo que se te da bien; y en el tercero escribe cuál es el espíritu de los tiempos.

Ahí donde se solapan estos tres círculos es donde más vivo estás. Si yo tuviera que poner en marcha una empresa, lo haría en ese espacio de intersección. Es ahí donde mayores posibilidades de éxito hay, donde tienes más oportunidades de marcar la diferencia y de pasártelo bien.

**Mi pasión:** ¿Es importante para ti? ¿Has mostrado interés por ello desde temprana edad?

**Mi habilidad:** ¿En qué soy bueno? ¿Podré aplicar mis habilidades al máximo en esta *startup*?

**El espíritu de los tiempos:\*** ¿Qué has detectado tú antes que todos los demás?

* Una tendencia es la última moda, pero puede desvanecerse. El espíritu de los tiempos es un cambio que se da para quedarse.

# DOS TIPOS DE PASIÓN
## ES IMPORTANTE SABER CUÁL ES CUÁL

Pienso que comprender la pasión es útil porque es el material con que se construyen las empresas con propósito.

Creo que hay dos tipos de pasión. La *pasión ardiente*, toda corazón. No le pide a la cabeza que piense. Y eso significa que, a veces, las cosas pueden salir mal. La pasión ardiente es un poco como el enamoramiento: arde intensamente, pero se apaga con rapidez.

La *pasión fría*, por el contrario, es tranquila, considerada y duradera. Cerebro y corazón trabajan juntos. Las emociones no intervienen en la toma de decisiones. Y las decisiones se toman despacio y teniendo en cuenta todos los puntos de vista. La pasión fría es mucho más eficiente a la hora de obtener resultados. Semejante a un amor de por vida, una vez que te has decidido, es casi imposible dejar de amar.

Es bueno ser consciente de la diferencia entre las dos. Para tener éxito es necesario aprender el arte de la pasión fría. Crear una disciplina que permita tanto a la cabeza como al corazón participar en la toma de decisiones. No es nada fácil apartar la emoción de algo que te apasiona. Pero lo fácil no construye cosas geniales.

# DEFINE CUÁL ES EL CAMBIO QUE BUSCAS

## RESPONSABILIDAD POR EL TODO

«Qué materias primas utilizamos, qué hacemos y cómo lo hacemos, lo que desperdiciamos, es de hecho una cuestión de ética. Tenemos una responsabilidad ilimitada por el todo. Una responsabilidad que intentamos asumir, si bien no siempre lo logramos. Parte de esta responsabilidad es la calidad de los productos y cuántos años duran. Hacer un producto de gran calidad es una forma de mostrar respeto y responsabilidad hacia el cliente y hacia el usuario del producto. Un producto de gran calidad en manos de alguien que ha aprendido a usarlo y cuidarlo será, probablemente, más duradero. Esto es bueno para el dueño, para el usuario. Pero lo es también como parte de un todo mayor: mayor durabilidad significa que consumimos menos recursos (materiales y energéticos), que necesitamos producir menos (tenemos más tiempo para hacer otras cosas que consideramos importantes o divertidas), destruimos menos (menos desperdicio).»

Esta es la primera página del manual de usuario de un fabricante de hachas llamado Gränsfors. Saben por qué están en el negocio: para hacer hachas que duren. Quieren cambiar una sociedad que piensa que tirar cosas está bien.

*Extracto reproducido con el permiso de Daniel Brånby, propietario, Gränsfors Bruk.*

No tiene por qué ser otra empresa. Tal vez tu enemigo tiene que ser algo más grande que, simplemente, otra marca. Puede ser un mal diseño. Puede ser el tiempo. Puede ser la contaminación. Puede ser la fealdad. Puede ser un mal servicio. Puede ser un vertedero. Puede ser la complejidad.

Será tu fuerza motora, así que elige bien a tu enemigo. Se convertirá en tu propósito. Tu combustible cuando estés cansado. Tu razón para seguir adelante cuando otros dan por terminada su jornada laboral. Será el motivo por el que tu cliente te preferirá a ti frente los demás. Este es tu propósito. Lo que te diferencia del resto.

Las empresas que hoy adoras no empezaron con más dinero que otras, sino con más energía.* Su energía provenía de lo mucho que querían cambiar las cosas. Tenían muy claro desde el primer día cuál era su enemigo.

¿Cuál es el tuyo?

---

* El propósito es el multiplicador de la energía.

# DEFINE TU ENEMIGO

# LA COMPETENCIA TIENE MÁS DE TODO QUE TÚ

Más personal. Más historia. Más distribución. Más patentes. Más ventas. Más infraestructura. Más contactos. Más marketing. Más dinero. (Y pueden conseguir mucho más.)

Más seguidores en Instagram, Facebook, Twitter, Pinterest, Medium y Google Plus que tú. Gastan más en I + D de lo que tú facturas como empresa. Su presupuesto para café es mayor que tu presupuesto para marketing. Nunca se quedan sin grapas, siempre tienen suficiente papel en la fotocopiadora, su director ejecutivo no tiene que vaciar las papeleras además de dirigir la empresa.

¿Quién está lo suficientemente loco como para enfrentarse a un Goliat?

# LA COMPETENCIA TIENE MÁS DE TODO QUE TÚ

Más reuniones. Más comités. Más burocracia. Más papeleo. Más luchas internas. Más reglas. Más regulación. Más ideas que mueren durante la etapa de investigación.

Modelos de negocio más anticuados. Personal más desmotivado que el tuyo. Más personas que se preguntan «¿De qué va esta empresa?» que tú.

Y luego está su departamento legal: el cementerio del humor y de cualquier cosa medianamente interesante o innovadora. ¿A quién le importa si nunca se quedan sin grapas o sin papel en la fotocopiadora? Nunca ha habido un mejor momento para ser una empresa pequeña. No te preocupes por lo que tienen ellos. Tú lo tienes todo. Tienes algo que quieres cambiar.

## Marca X

Tienen clientes. Tienen el pasado. Tienen un modelo de negocio antiguo. Son mercancía. Necesitan ser más baratos. Son el *statu quo*. En períodos de recesión, sus clientes los dejan por los más baratos. Han cambiado muy poco y no recuerdan por qué empezaron.

## Marca Y

Tienen *fans*. Tienen futuro. Tienen un nuevo modelo de negocio. Son especiales. Pueden cargar un extra. Son respetados. Sus seguidores los aman. Están orgullosos de ellos. En períodos de recesión, sus admiradores les son fieles. Están logrando el cambio que se propusieron.

# NO SE PUEDE
## MARAVILLOSO
### PASAR
### NORMAL.

# LLEGAR A LO SIN POR LO

## BILL WITHERS

# LLAMA A TUS HÉROES

## ELLOS TAMBIÉN TIENEN TELÉFONO

Y un buzón de correos. Contáctalos y pídeles que sean tus mentores. Piensa que ellos, en su día, también pidieron ayuda a alguien. Si les explicas qué es lo que quieres cambiar, y a ellos también les parece importante, lo más probable es que te ayuden.

Lee sus libros, escucha sus charlas, lee sus blogs. Ellos han encontrado la manera de convertir en negocio aquello que más les gusta hacer. Puedes aprender de ellos. Absórbelo todo.

El actor Jack Lemmon ayudó a Kevin Spacey en la escuela y le dijo que algún día sería un gran actor. Cuando le preguntaron a Lemmon por qué actuaba en teatros pequeños, respondió que era su deber volver a enviar el ascensor hacia abajo para ayudar a subir a los demás.

Un gran mentor te puede ayudar mucho. Apunta alto.

LAS TRES
MÁS
SON
LOS CARBO
Y UN
MENSUAL.

# ADICCIONES DAÑINAS, LA HEROÍNA HIDRATOS SALARIO

## NASSIM NICHOLAS TALEB

# ESCRIBE TU PLAN DE NEGOCIO EN EL FELPUDO

Si encargas un felpudo, te cobran por palabra. Esta restricción financiera hace que le dediques tiempo y atención a qué quieres poner. La otra restricción es que el espacio es limitado.

Por ello, has de poder sintetizar lo que piensas en el menor número de palabras posible. Tan pocas que quepan en un felpudo.

Si pudieras aplicar a tu plan de negocio el proceso de escribir en un felpudo, creo que muchas más personas caminarían por él. ¿Por qué? Porque no te quedaría otra que hacerlo simple y claro. Y lo simple y claro es bueno para los negocios.

Así que pregúntate de qué quieres ser el portavoz con la menor cantidad de palabras posible:

Kickstarter: Cambiar la Financiación de las Ideas.
Patagonia: Más Calidad. Menor Impacto.
Google: Búsquedas Más Rápidas y Relevantes.

Cuanto menos tengas que gastar en el felpudo, más habrás pensado.

# LOS MEJORES MODELOS DE NEGOCIO SE CONVIERTEN EN MODELOS PARA LA SOCIEDAD

Fíjate en cómo ha transformado Y Combinator las *startups*. Fíjate en cómo ha transformado Kickstarter la financiación de las ideas creativas. Fíjate en cómo ha cambiado Zipcar la propiedad del automóvil. Fíjate en cómo Welsh Water ha cambiado la forma de financiar una empresa de servicios públicos.

Estas empresas se convierten en modelos a seguir para futuros negocios. Su influencia real se materializa en las empresas que se ponen en marcha después de ellas. Su negocio y su enfoque servirán de inspiración a muchas empresas para comenzar. Han mostrado otro camino. Han tenido éxito. Y la gente sigue al éxito.

Sus modelos de negocio se estudiarán y se aplicarán, sin duda, a otras industrias. La gente comprará sus libros, escuchará sus opiniones. Se han vuelto influyentes, importantes e inspiradoras.

No hay muchas empresas que puedan decir lo mismo.

# LA VELOCIDAD IMPORTA

## MUNDO DIGITAL

En el mundo de la tecnología se pueden crear nuevas y fantásticas empresas con rapidez. Escalan mucho y velozmente. Sin un gran coste. No requieren de una gran infraestructura. Funcionan mejor con un equipo pequeño. Son pioneras. Hacen algo que nadie ha hecho antes. No tienen una hoja de ruta. Construyen algo rápidamente para llegar antes que su competidor. El informático que escribe en código de alto nivel es el rey. La velocidad importa en este mundo. La velocidad con la que se puede corregir un error de código es importante. La velocidad con la que se puede agregar una nueva función es importante. Aquí la paciencia no es una virtud. Lo que hace falta es velocidad.

# LA PACIENCIA IMPORTA
## MUNDO ANALÓGICO

Piensa en un roble. Se necesitan cincuenta años para que dé una bellota. ¿Quién invertiría en uno? Piensa en los escritores, en los artistas, los músicos y los inventores, piensa en los fotógrafos, los atletas, en cualquier persona de cualquier campo que se te ocurra. A todos les llevó al menos una década llegar a ser buenos en lo suyo. Durante esos años, el aprendizaje se antepuso a los ingresos. Durante esos años la paciencia se antepuso a cualquier posible atajo. Vivimos en el veloz mundo del clic único. Por la mañana, nuestro tiempo de pantalla se mide en segundos. Con cada generación se reduce nuestra capacidad de atención. Pero construir una gran empresa analógica es solo una cuestión de tiempo.

REGLA 1:
# HAZ UN GRAN PRODUCTO
REGLA 2
# NO OLVIDES LA REGLA N.º 1*

\* NO CONFÍES EN LOS
BUENOS PRINCIPIOS
PARA VENDER MALOS
PRODUCTOS

# FABRICA ALGO QUE NUNCA VENDERÍAS

Zach Klein dio una charla durante las Do Lectures de Gales. Contó la historia de cómo creó Vimeo partiendo de cero. Lo bien que se lo pasaron. El equipo que crearon. La gran cantidad de seguidores que acumularon. Entonces, un día, lo vendieron.

Todas las *startups* tienen preparada su estrategia de salida, pero, aun así, tras vender Vimeo, la echaba de menos. La última diapositiva de su charla fue un resumen de lo que había aprendido de sus aventuras: Construye algo que nunca venderías.

Si fundas una empresa, en algún momento te enfrentarás a este dilema. Así que aquí tienes algunas preguntas que plantearte antes de vender: ¿Todavía amas tu empresa? ¿Te sigue divirtiendo? Y ¿ha quedado el trabajo a medio hacer? Si la respuesta es «sí» en los tres casos, mi consejo es que sigas construyendo.

# CAPÍTULO DOS

# TIEMPO

Cada día el «Banco del Tiempo» te da 86.400 segundos. Lo mismo que al resto de las personas. No hay excepciones. Una vez que los retiras, puedes gastarlos como desees.

El Banco del Tiempo no te dice cómo gastarlos. El tiempo mal invertido no se cambia por más tiempo. El tiempo no realiza reembolsos.

El tiempo es tu mayor regalo. De hecho, es más valioso que el dinero, ya que puedes ganar más dinero, pero no más tiempo. Hay una simple verdad: tu tiempo es limitado. Y un día irás al banco y no te quedará más. Y exactamente en ese momento conocerás la respuesta a esta sencilla pregunta: ¿Utilicé bien mi tiempo?

¿Hice lo que me parecía más importante? ¿Encontré mi pasión? ¿La perseguí como un perro salvaje y hambriento?

# UNO

# TU TIEMPO ES LIMITADO. RECUÉRDALO

Considera las distracciones como el enemigo. Afortunadamente, cada uno de tus dispositivos electrónicos tiene un botón de apagado. Recuerda, tu tiempo es limitado. Pero tu capacidad para distraerte es infinita. Si quieres hacer cosas, tienes que concentrarte. Y la concentración se consigue bloqueando ese ajetreado mundo de ahí fuera.

No soy bueno con el correo electrónico. Pero soy bueno en llevar las cosas a término. El correo electrónico me parece una distracción para que las cosas sucedan. Considero que acabar cosas es más importante que tener una bandeja de entrada vacía. He comprado todas las aplicaciones posibles para ayudarme a lidiar con el correo electrónico. Pero no me funcionan. No son ellas. Soy yo.

Internet es genial, pero consume tu tiempo de manera muy eficaz. Es un dispositivo de distracción superadictivo que, si se lo permitimos, nos impedirá hacer cosas.

Haz clic en el botón de apagado. Tienes cosas que hacer.

# APAGA INTERNET

En la pista de despegue llega un momento en que el avión alcanza la velocidad V1. Una vez sobrepasada, se alcanza el punto de no retorno. El punto donde no se puede abortar el despegue. Hay que despegar. O estrellarse. Cada avión determina su velocidad V1 en función de su peso, la velocidad del viento, las condiciones meteorológicas, la pendiente, la longitud de la pista, etcétera. Por eso, si bien no hay una línea física trazada en cada pista, está ahí.

Pero cuando se trata de montar un negocio, no hay cálculo que nos indique cuál es el momento adecuado. No hay marca alguna en la pista para nosotros.

¿Y qué sucede? Procrastinamos. Levantamos barreras para justificar el no empezar. «La economía no va bien.» «Tengo una gran hipoteca.» «Necesito más experiencia.» Pero esas barreras que eriges solo las puedes derribar tú.

Nunca hay un momento adecuado para empezar.

Acéptalo. Así que empieza ahora.

# TRES

# COMIENZA ANTES DE ESTAR PREPARADO

No arrancan. La línea de salida es el lugar más aterrador. Crúzala y te juzgarán. Crúzala y puedes fallar. Crúzala y ya no podrás esconderte tras lo que podría haber sido.

La mayoría de las personas hablan de empezar algo algún día. Pero «algún día» nunca llega. No pasan de la línea de salida. Es probable que sus ideas sean lo suficientemente buenas para tener éxito. Pero su fe en ellas no es suficientemente fuerte.

La oficina de patentes no tiene las mejores ideas. Estas se encuentran en tu cabeza, a la espera de que creas en ellas lo suficiente como para comenzar.

Una vez que cruces esa línea, estarás en el club del 1%. Esas pocas personas que convierten sus ideas en cosas reales. Boom.

CUATRO

# EL 99% DE LAS EMPRESAS FALLAN POR UNA RAZÓN

Si te dan una semana para hacer algo, tardarás una semana. Si te dan dos semanas, tardarás dos semanas. ¿Será dos veces bueno si tardas el doble en hacerlo? Lo dudo. La primera semana la pasarás sacando punta a los lápices y ordenando la oficina. (Sabes que es verdad.) La segunda semana será «oye, tenemos que hacer esto». Por lo tanto, si lo piensas bien, ambos proyectos te han tomado una semana.

Dudo que haya una diferencia perceptible entre los dos. Más allá del tiempo que te ha tomado hacerlos.

Los plazos de entrega nos gobiernan. Así es como conseguimos hacer cosas. Pero los plazos no deberían ser fáciles de cumplir. Si quieres lograr cosas increíbles de manera rápida, ponte plazos estrictos y casi imposibles.

Y recuerda, un buen café ayuda.

# CINCO

# AUTO-IMPONERSE PLAZOS DE ENTREGA IMPOSIBLES A MENUDO AYUDA

Todos queremos hacer tantas cosas como podamos, pero quizá lo hacemos de manera incorrecta.

En la década de 1940 se llevó a cabo un experimento con hombres cargando arrabio en trenes de mercancías de la Bethlehem Steel Company. Cada hombre trabajó sin parar hasta cargar 12,5 toneladas. Llegado el mediodía, estaban agotados y no podían más.

Al día siguiente se les pidió que cargaran arrabio durante veintiséis minutos. Después, que descansaran durante 34 minutos. De esta forma, descansaron más de lo que trabajaron. Al final del día, cada uno había cargado 47 toneladas. Casi cuatro veces más que trabajando a fondo sin parar.

Parece contraintuitivo, pero un esprint seguido de un descanso aún más largo da mejores resultados que arrastrarse lastimosamente durante años.

Sí, la verdadera medalla de honor en el trabajo no es trabajar más que nadie, sino de forma más inteligente.

# SEIS

# ¿QUIERES RENDIR MÁS? DESCANSA

# LA REGLA 80/20

La Ley de Pareto lleva el nombre del economista italiano Vilfredo Pareto. Se la conoce también como la regla 80/20, la misma sobre la que escribió Richard Koch en su magnífico libro.

La idea es la siguiente: si tienes un negocio, el 80 % del volumen lo generan, probablemente, el 20 % de los clientes. Si te dedicas a la creatividad, el 80 % de tus premios/reconocimientos/ingresos provendrán del 20 % de tu producción.

Así que, ¿cómo puede este principio ayudarte a administrar tu tiempo? Bueno, empieza fijándote en tu día. Observa en qué inviertes la mayor parte de tu tiempo.

Lo más probable es que descubras que la mayor parte de tu tiempo la dedicas a cosas que no se te dan especialmente bien. Demasiadas reuniones. Demasiado papeleo. Demasiada política. Se llama la Ley de Oterap. (Pareto al revés.)

Pasas el 80 % de tu tiempo ocupado con las cosas que peor se te dan. Y en donde marcarás menos la diferencia. No necesitas que el día tenga más horas. No necesitas trabajar más. Ni hacerlo los fines de semana. Solo necesitas dedicar más tiempo a aquello en lo que eres brillante. Y emplear menos tiempo en todo lo demás.

# CONSTRUIR UNA GRAN EMPRESA SOLO LLEVA TIEMPO

# CAPÍTULO TRES

# IDEAS

Cómo aprendemos.

Cómo comunicamos.

Lo que comemos.

Cómo jugamos.

Cómo hacemos ejercicio.

Dónde vivimos.

Cómo viajamos.

Nuestro comportamiento.

Nuestros gobiernos.

Nuestras empresas.

La música que escuchamos.

Cómo nos relajamos.

Cómo nos mantenemos despiertos.

El *statu quo*.

La sabiduría popular.

«Así es como hacemos las cosas por aquí.»

# LAS IDEAS
# LO CAMBIAN
# TODO

# ALGUNAS IDEAS NACEN FEAS

Con frecuencia no existen puntos de referencia para las buenas ideas. No tenemos nada con qué compararlas. Son originales e incómodas. Y por eso, si alguien quiere acabar con ellas, son las más vulnerables. No se adaptan a la norma existente, eso las convierte en un reto.

Es por esta razón que, para mantener viva la idea, tendrás que confiar en tu instinto más visceral, y esto es lo más difícil. Tienes que creer en ello cuando nadie más lo hace. El progenitor tiene que amar al patito feo hasta que se convierte en una pequeña belleza.

La otra cosa que ocurre es que juzgamos las ideas demasiado rápido. No siempre es fácil discernir desde el principio qué ideas son buenas, malas o feas. Aprende a no juzgarlas demasiado rápido. Esa idea aparentemente tonta podría ser la mejor. Si piensas de manera convencional, podrías dejar fuera al patito feo.

Las grandes ideas no cuestan más que las malas. Está bien saberlo. Y, si quieres deshacerte del estrés que acarrea llevar un negocio, haz que se te ocurra una gran idea.

A las ideas no les importa quién eres ni dónde estás. No se acercan a las personas con más dinero ni con la mejor sonrisa. Aparecen en el baño, en la ducha, mientras caminas, cuando menos te lo esperas y cuando más las necesitas. Pero te llegarán. Solo tienes que escuchar. Y esa es una habilidad que hay que aprender. Estar siempre a la escucha.

Una gran idea te proporcionará más publicidad, más energía y, al final, más ventas. Jake Burton inventó un deporte completamente nuevo: el snowboard. No tenía un gran presupuesto. Solo una gran idea. Un deporte completamente nuevo.

# LOS PRESUPUESTOS PEQUEÑOS NECESITAN IDEAS VALIENTES

# SÉ EXTRAORDINARIO (LA GENTE NO RECUERDA LO NORMAL)

¿Cómo destacar cuando el mundo premia la mediocridad? La mejor manera es no seguir sus reglas.

Hay una película de Jim Jarmusch llamada *Mystery Train*. En ella, un par de adolescentes fanáticos de Elvis hacen una visita guiada a Graceland Mansion. Caminan asombrados. Durante todo el recorrido, el chico lleva una cámara colgada del cuello y, sin embargo, no hace ni una sola foto.

Cuando regresan a la barata habitación de hotel donde se alojan, el chico comienza a hacer fotos de las pantallas de las lámparas, del mobiliario barato, del papel de pared de mala calidad. Su novia, un poco sorprendida, le pregunta por qué está haciendo fotos de todas esas tonterías cuando durante el día no ha hecho ni una sola.

Él contesta que siempre recordará lo que ha visto en Graceland Mansion, pero que todas esas cosas mundanas las olvidará pronto, ya que no son en absoluto extraordinarias. Por eso les toma fotos.

# LAS IDEAS FUNCIONAN COMO VELCRO

El velcro funciona así: en un lado hay una serie de ganchos orientados en muchas direcciones aleatorias. En el otro, una serie de bucles también orientados en muchas direcciones aleatorias. Cuando un gancho se encuentra con un bucle, se conectan. Se trata del negocio de las conexiones.

Es ese carácter aleatorio de los ganchos y los bucles lo que hace que el velcro funcione, y también debería ser importante para nosotros si queremos ser interesantes. Necesitamos disponer de muchos ganchos y bucles aleatorios. Si seguimos leyendo los libros de siempre, sabremos más sobre lo que ya sabemos mucho. Necesitamos suscribirnos a revistas a las que no nos suscribiríamos normalmente; ir a lugares a los que no iríamos normalmente, comer en lugares que no son de nuestro estilo.

Salir de nuestra rutina nos permite seguir siendo interesantes. Seguimos empujándonos; dejamos atrás por un momento lo que sabemos.

Esto es importante desde el punto de vista de la generación de ideas. Si tus puntos de referencia son diferentes a los de los demás, entonces —adivina— tus ideas serán diferentes. Pensar diferente: hacer diferente, leer diferente, viajar diferente, comer diferente, etcétera.

Para establecer una conexión, el velcro va en muchas y variadas direcciones. Si estamos interesados en nuevas ideas, deberíamos hacer lo mismo.

Inspirado en el Do Course de Russell Davies *Cómo ser interesante*.

# MANTÉN TU RADAR ENCENDIDO

¿Cómo identificar un nicho de mercado antes que los demás? Creo que, como emprendedor, como creador de marca, parte de tu trabajo consiste en mantener tu radar siempre encendido. Cuando ves a alguien haciendo algo extraño, tu trabajo es preguntarte: «¿Qué significa eso?». La diferencia entre tú y otras personas es que tu cerebro tiene que pensar de manera diferente. Tiene que estar encendido. Tiene que detectar nuevos comportamientos, patrones, necesidades sin respuesta.

Tus ojos y tus oídos te proporcionarán la mayoría de las respuestas que necesitas. Solo tienes que estar atento a cuándo lo hacen. Para conseguirlo, tu cerebro ha de estar encendido. Para detectar una estrella, tienes que mirar al cielo y no al suelo.

Por lo tanto, si buscas detectar un nicho de mercado, observa continuamente. Observa cómo la gente utiliza algo. Estudia a la gente. Escúchala cuando dice: «Ojalá a alguien se le ocurriera...».

# ALGUNAS IDEAS LAS TIENES JUSTO DELANTE

Dietrich Mateschitz se fue de vacaciones a Tailandia y vio a mucha gente tomando Krating Daeng, una bebida nativa. No dejaba de preguntarse: «¿Y eso qué quiere decir?». Su radar estaba encendido. No inventó Red Bull. Ya existía. Simplemente echó mano de algo que vio mientras estaba de vacaciones y lo convirtió en una categoría completamente nueva.

James Dyson no fue el único que pasó caminando junto a un aserradero y vio un extractor en la parte superior. La respuesta estaba allí para cualquiera que se planteara la pregunta correcta. Pero solo él comenzó a fabricar aspiradores con esa tecnología. Sí, le llevó cinco años y más de cinco mil iteraciones. No inventó nada. Tomó la idea de otro sector y la aplicó a los aspiradores. Hizo que funcionara.

Muchas veces las ideas las tenemos justo delante, esperando a que echemos mano de ellas y las exportemos a otro sector o país.

# LA FÓRMULA PARA EL CAMBIO

## DxVxF>R

Puede que no haya una fórmula para las ideas, pero hay una fórmula para el cambio. Fue creada por Richard Beckhard y David Gleicher. Esta fórmula proporciona un modelo para evaluar las fortalezas relativas que influyen en la probabilidad de éxito de un proyecto.

Para que se produzca un cambio organizativo importante deben concurrir tres factores. Son estos:

D = Insatisfacción respecto a cómo están las cosas ahora.

V = Visión de qué es posible.

F = Primeros pasos concretos que se pueden tomar hacia dicha visión.

Si el producto de estos tres factores es mayor que R = Resistencia, entonces el cambio es posible.

Debido a que D, V y F se multiplican, si alguno de ellos está ausente o es bajo, entonces el producto será bajo y, por lo tanto, incapaz de superar la resistencia.

Es fácil volverse cómodo. Es fácil dejar de presionar. Es fácil hacer lo que hiciste el año pasado. Pero solo si funcionó, por amor de Dios.

Cuestionarlo todo es más difícil. Empezar cada día sin tener ni idea. Empezar de nuevo con un folio en blanco.

Existe una diferencia entre las empresas que piensan siempre en nuevas formas de avanzar y los que buscan repetirse.

Los que se repiten tienen una vida fácil, pero llega un día en que se despiertan y su negocio ha desaparecido. La vida fácil de pronto se endurece.

Los que se esfuerzan continuamente nunca tienen una vida fácil. Nunca van en punto muerto cuesta abajo. Siguen pedaleando como locos porque es una buena forma de pensar para cuando llega la cuesta arriba. Además, es una actitud que evita que te despiertes una mañana y descubras que tu negocio ya no está.

Mañana hay que volver a crearse una reputación.

# NO TE DEJES LLEVAR EN PUNTO MUERTO

# BARBECHO

LAS IDEAS NECESITAN *INPUTS*

# NO SABER COMPROMETERSE ES TAN MALO COMO NO COMENZAR

Las ideas necesitan alguien que las haga realidad. Las ideas necesitan hacedores, no charlatanes. Las ideas requieren que creamos totalmente en ellas. Por lo tanto, antes de cruzar esa línea, asegúrate de estar comprometido cien por cien. Las empresas fracasan por muchas razones.

Puede que los fundadores no crean lo suficiente en la idea, o que uno de los socios pierda los nervios cuando se les pone a prueba por primera vez.

La falta de fe puede ser mucho más perjudicial que la de financiación.

En términos de fútbol americano, equivale a no entregarse totalmente en el placaje. Y cuando lo haces a medias, las lesiones son mucho más probables.

Los jugadores que se reservan para el próximo gran partido o para un torneo importante a menudo terminan lesionados porque se contuvieron. Reprimirse a menudo acaba en lágrimas.

Del mismo modo, las ideas también necesitan de tu compromiso. Necesitan todo tu dinero. Necesitan todo tu tiempo. Necesitan toda tu energía. Necesitan todo tu amor. Necesitan toda tu fe. Si no te entusiasma la idea, no vale la pena que empieces.

# SI LO VAS A INTENTAR, HAZLO HASTA EL FINAL. DE LO CONTRARIO, NO TE MOLESTES EN EMPEZAR.

1   ¿Es una buena idea?
2   ¿Es una idea novedosa?
3   ¿Es escalable?
4   ¿Tendrá aceptación entre la gente?
5   ¿Qué cambio comportará?
6   ¿Se puede invertir en ella?
7   ¿Es importante para ti?
8   ¿Es importante para tu cliente?
9   ¿Cómo lo sabes?
10  ¿De qué envergadura es el cambio que puede propiciar?
11  ¿Es buena para el planeta?
12  ¿Es buena para el ser humano?
13  ¿Cuál es tu nicho?
14  ¿Es grande ese nicho?
15  ¿Cómo la pondrás a prueba?
16  ¿Es un problema recurrente?
17  Pregúntate: ¿es necesario resolver ese problema?
18  ¿Qué disrupción comportará?
19  ¿Dónde estará de aquí a cinco años?
20  ¿Estás enamorado de la idea?
21  ¿Invertirías diez años en hacerla realidad?
22  ¿Cuál será su legado?
23  Si no estás convencido con tu idea ahora, sigue con la lista.

# 23 PREGUNTAS QUE PLANTEARTE SOBRE TU IDEA

# CAPITULO CUATRO

# MARCA

¿Te has dado cuenta de que tienes más ideas cuando no estás pensando en eso en lo que deberías estar pensando? Mmm.

# EL CÓDIGO DE LOS CREADORES

1. Encuentra tu pasión.
2. Invierte tu vida en ello.
3. Confía en tus instintos.
4. Ignora a los escépticos.
5. Concéntrate en el trabajo, no en el dinero. (El dinero llegará.)
6. Utiliza tus ideas para que el mundo avance.
7. No defraudes a tus ideas: ejecuta bien.
8. Trabaja con gente buena. No siempre son los más fáciles.
9. No hay atajos. Trabaja las horas necesarias

Algunas personas piensan que si tienen un nombre y un logotipo para su empresa, tienen una marca. Pero lo que tienen en ese momento es solo un nombre y un logotipo. Nada más.

El trabajo de la marca es hacer que ese nombre y ese logo representen algo. Vivir sus principios fundacionales cada día. Para ser auténticos. ¿Cómo se logra? Bueno, haciendo un gran producto, dando un gran servicio y utilizando tu empresa como una herramienta para cambiar las cosas que afirmaste que cambiarías. No es difícil. Solo duro.

Está claro que un buen nombre y un buen logo ayudan. Pero ¿hubiera triunfado Apple si se hubiera llamado Peach? Por supuesto que sí.

Para mí, una marca es una promesa consistente. «Prometo fabricar las mejores zapatillas para correr del planeta.» «Prometo ofrecer una búsqueda más rápida y relevante.» «Prometo fabricar la ropa para exteriores de mayor calidad y con menor impacto en el planeta.» ¿Cuál es tu promesa? Tu promesa es tu marca.

# UNA MARCA NO ES SOLO UN BUEN LOGO

# CÓMO HACER QUE LAS PERSONAS ADOREN TU MARCA

Me lo preguntan muchas veces. Y hay una respuesta sorprendentemente simple: en primer lugar, tú tienes que adorarla más que nadie. ¿Nada más? Efectivamente, nada más.

Se trata de una *obra de amor*. Y tú eres la *obra* a la que se refieren. Tienes que sudar con cada detalle. Una y otra vez. Tienes que prestar infatigablemente una atención obsesiva al más mínimo detalle. Y, ¿sabes qué?, tus clientes se darán cuenta. Verán que has puesto tu corazón en ello y les encantará que te preocupes tanto por ellos.

En cada etapa habrás puesto al cliente por delante. Siempre. No permitas que los contables reduzcan la calidad para mejorar los márgenes. Nunca debes sacrificar la relación a largo plazo con tus clientes por ganancias cortoplacistas. Es mucho más fácil encontrar un nuevo contable que un nuevo cliente.

El cliente sabe cuándo una empresa ama a sus clientes. Y ese amor se siente y se aprecia. El amor crece a escala.

Esta es una historia que me contaron sobre Ralph Lauren. Puede que sea o no verdad.

En cualquier caso, dice así: Lauren gastó millones en la construcción de su rancho. Tuvo en cuenta cada detalle. Tanto los obreros como los arquitectos lo pasaron mal. Se tuvo que rehacer un par de veces. Cuando finalmente terminaron, estaban superfelices. Pero para Ralph algo no estaba bien. Los albañiles tuvieron que volver porque la puerta era demasiado perfecta. No chirriaba. Y todo el mundo sabe que no hay rancho viejo sin puerta chirriante. Así que tuvieron que poner una.

Imagina el nivel de detalle con el que diseña su ropa.

Una marca ha de ser coherente. Hay que prestar atención a cada detalle. Porque la coherencia genera confianza. Y la confianza permite crear un negocio. Y, como fundador, es tu trabajo ser el guardián de estos detalles. ¿Qué es lo más importante? Una sola cosa: todo.

# LO ÚNICO QUE IMPORTA ES TODO

SE TARDA DÉCADAS EN LABRARSE UNA REPUTACIÓN Y SOLO UN LAVADO EN PERDERLA

La primera empresa de ropa que creé se hizo famosa por fabricar excelentes prendas térmicas fabricadas con lana merino. Los márgenes no eran los mejores, pero nunca tuvimos que hacer rebajas. No conseguíamos satisfacer la demanda. Aun así, un responsable de compras se enteró de nuestros márgenes y quiso mejorarlos.

Su forma de hacerlo consistía en comprar merino de menor calidad. Obviamente, los márgenes aumentaban. Nos lo probamos todos. Y no era lo suficientemente bueno. Con un solo lavado el merino perdió su prestancia. En cuanto me di cuenta, paré. Pero el responsable de compras no lo entendió. Llegó a intentar puentearme para comprar a mis espaldas. También lo paré.

Para mí no tiene sentido lograr un gran margen una vez y perder un cliente al primer lavado. La reputación de tu marca nunca debe verse comprometida por ganancias a corto plazo.

# TU VOZ PUEDE SER MUCHAS COSAS

Un día me senté a tomar un café con Richard, uno de los fundadores de innocent, y me contó algo que le pasó en un taxi. Creo recordar que le llevaba de vuelta al trabajo. En cualquier caso, como sucede con todos los taxistas, este quería entablar conversación. Comenzó con las típicas preguntas. ¿A qué te dedicas, amigo? Richard respondió que era codirector de una empresa de batidos. Ah vale, ¿cuál? Innocent. Buena empresa. Pero ya no es lo que era. Richard estaba un poco desconcertado. ¿Qué quiere decir? Bueno, han cambiado la etiqueta. Ahora es brillante y la otra era mate. Ahora ya no parece tan real, tan auténtica, sabes. Richard le dio las gracias al bajar del taxi. Llegó al trabajo y lo primero que hizo fue cambiar la etiqueta de brillante a mate.

El taxista le acababa de enseñar que la grandeza de lo pequeño es importante. Que aquellas cosas menores que no juzgamos tan importantes pueden tener un enorme impacto. Si deseas crear algo grande, haz bien todo lo pequeño.

# ¿CUÁNTOS SENTIDOS UTILIZA TU MARCA?

Una marca tiene que atraer todos los sentidos, pero la mayoría solo apela a la vista y al oído. Dejan de lado el tacto, el olfato y el sabor. Y, sin embargo, estos pueden ser muy poderosos. Abercrombie and Fitch rocía sus catálogos con su perfume: cada vez que entras en una de sus tiendas, aquel actúa como recordatorio. Al encenderlos, los altavoces portátiles Jawbone suenan como una nave espacial futurista en pleno despegue. Para convencerte de que son tecnología de vanguardia, solo tienes que encenderlos. Es extraordinario.

El chef Ferran Adrià cree que el gusto no es el único sentido al que apelar, lo cual es interesante. Se puede jugar con el tacto mediante diferentes temperaturas, igual que con el olfato y la vista. Para él, los sentidos se convierten en uno de los principales puntos de referencia en el proceso creativo.

Las cafeterías no son las únicas que pueden aprovechar el poder del sentido del olfato. Los chefs no son los únicos que pueden aprovechar el poder del sentido del gusto. Y los fabricantes de ropa no son los únicos que pueden aprovechar el poder del sentido del tacto. ¿Utiliza tu marca todos los sentidos?

# HAZ QUE SIENTAN ALGO POR EL CAMBIO QUE ESTÁS GENERANDO

Las mejores marcas no solo cambian algo, sino que cuentan con una fuerte capacidad innata para comunicar su propósito, lo que hace que a sus clientes también les acabe importando.

Tienes que lograr que tus clientes sientan algo por el cambio que buscas realizar, o cambiarás muy poco. Comprende lo que hay en sus corazones. Para esto, la lógica es una herramienta poco útil. Tiene mucho sentido, cumple todos los requisitos, pero cambia muy poco. Y, adivina, la inteligencia no es la mejor herramienta; su capacidad para cambiar cosas o modificar comportamientos está sobrevalorada. Creo que una de las mejores formas para lograr inspirar, conmover o despertar a tus clientes es utilizar la emoción. Hazles sentir algo.

Desnuda tu alma. Explica tu lucha. Explica tu dolor. Cuenta tus momentos bajos. Sé vulnerable. Sé honesto. Diles cómo podría ser el mundo. Pero sobre todo sé tú.

# TU VOZ
## SÉ COHERENTE CON ELLA

Los negocios que valen la pena se crean a lo largo del tiempo. Para llegar a ser aquello a lo que aspira, el producto de una empresa, su propósito y cómo le habla al mundo debe ser coherente.

Así que no te dejes llevar por la corriente. No sigas al rebaño. Mantente fiel a ti mismo. La paciencia es necesaria en un mundo que no siempre comprende su valor. Es fácil hacer pequeños cambios en un día ajetreado y pensar que no tienen importancia. Pero hay grandeza en las pequeñas decisiones.

El mundo financiero entiende perfectamente el concepto de interés compuesto y cómo un pequeño cambio puede marcar una gran diferencia. De la misma forma, un pequeño ajuste aquí, un pequeño cambio allí, pueden acumularse en el tiempo y acabar cambiando incluso el alma de una empresa.

Todo el mundo entiende la regla de un producto y servicio coherentes. Pero la misma regla debe aplicarse a la voz de una empresa. Hace ya un par de décadas que Nike habla con la misma voz. Parece tener un estilo propio.* Y gracias a esta coherencia, cada acto de comunicación parece basado en el anterior. La coherencia de su voz les ha hecho ganar interés compuesto.

* Nike les debe algo a Wieden y Kennedy.

TU
HISTORIA,
CUÉNTALA
BIEN

Una marca es una historia. Y hay que contarla bien. La buena nueva es que, en este mundo conectado, las buenas historias viajan rápido. Y gratis. Por todo ello, nunca ha habido una mejor época o un momento más barato para comenzar algo. La ventaja de la que disfrutaban las empresas de gran tamaño ya no es tanta. Tu página web puede hacer que parezcas igual de grande que ellas. Tus publicaciones de Instagram, que parezcas más divertido, tus Tweets, más humano.

Tienes a tu disposición herramientas muy poderosas y gratuitas tales como: Medium (gratis), StumbleUpon (gratis), Instagram (gratis), Twitter (gratis). Las cámaras digitales son más baratas cada temporada.

Tendrás que ser igual de bueno tanto para crear un gran y único producto como para contar tu historia. No hagas una foto rápida, sino una pensada, no escribas un blog decente, sino uno excelente en el que tengas que invertir días, no hagas una película buena si una genial te costaría solo un poco más de sudor

Haz el trabajo. Haz los deberes.

Cuenta bien tu historia.

Vivimos en un mundo muy ajetreado. Tenemos la misma cantidad de tiempo que antes, pero existen muchas más cosas que compiten por nuestra atención. ¿Quién se la lleva? Las cosas que se destacan. Lo normal se hunde hasta el fondo. Rápido.

Las películas medianamente virales no se comparten. La publicación corriente de Instagram no recibe *likes*. Los *tweets* aburridos no se retuitean. Las redes sociales no tienen punto medio. Son binarias. O consigues captar nuestra atención o no. Son despiadadas a la hora de separar lo bueno de lo malo.

La gran noticia es que lo excelente no cuesta más que lo normal. De hecho, se podría decir que lo normal cuesta más que lo excelente. Hacer algo que nadie va a ver es una absurda pérdida de esfuerzo y dinero. La solución es dedicar más tiempo a la creatividad. Te compensará con creces.

# LO NORMAL SE MUERE MÁS RÁPIDO QUE NUNCA

¿Has estado alguna vez en un gran restaurante donde el camarero pasara de todo? ¿O en una conocida tienda en la que el dependiente hablara por teléfono sin atenderte? ¿Alguna vez has estado en un hotel de cinco estrellas con un servicio horrible? Da igual quién seas, si contratas a personas a las que no les importa nada, harán todo lo posible para que tus clientes lo sepan.

Y todo el trabajo que has hecho acaba destrozado. Entonces, cuando contrates a alguien, pregúntate: ¿Les apasiona lo que haces? ¿Encajan con tu marca y sus principios? En cuanto cruzas la puerta de Abercrombie and Fitch queda muy claro qué es lo que buscan.

La persona a la que contrates te representará cuando no estés. ¿Te asusta o te reconforta?

# TU GENTE ES TU MARCA

# CAPÍTULO CINCO

# PERSONAS

# EL CAMBIO
# UNE
# A LOS
# EQUIPOS

Tu propósito definirá tu producto, la cultura de tu empresa, las personas que contratas. Incluso los clientes que te compran. En última instancia, determinará el éxito que logras. Pero quizá lo más importante es que tu propósito permite que todos los que forman parte de tu empresa comprendan claramente por qué existe. Todos ellos entienden qué es lo que vas a cambiar.

El cambio es tu combustible secreto. La gente quiere ser parte del cambio. La gente quiere ser parte de la historia. Los equipos se reúnen alrededor de ideas que cambiarán las cosas.

Por eso tu propósito es importante. Crea equipos apasionados por el proyecto. Están ahí para marcar la diferencia, no solo para ganar dinero rápido.

Cuando un equipo está motivado, cuando un equipo comprende el cambio que generará, es imposible detenerlo, incluso cuando las probabilidades están en su contra.

# LOS EQUIPOS CONSTRUYEN UN NEGOCIO. LA CULTURA CONSTRUYE EQUIPOS

Una empresa es tan fuerte como las personas que trabajan en ella. La gente es tan fuerte como la cultura que tiene la empresa. Y el propósito de la empresa, su razón de ser, determinará la cultura.

Hablar de cultura es raro. No puedes verla. No puedes sentirla. Pero cuando no está bien, puedes verla y sentirla. La cultura no es algo grande. Son solo muchas cosas pequeñas.

Patagonia deja que su personal vaya a hacer surf cuando hay buenas olas. En mi compañía, Hiut Denim Co, cada par de tejanos está firmado por los GrandMasters que los hacen: todos los artistas firman su trabajo. En Nike, la cultura dio lugar a un grupo llamado Ekins. Conocen Nike de arriba abajo. Algunos llegaron a tatuarse para mostrar que eran parte de la élite.

Cuando defines tu propósito, atraes a personas de ideas afines como una polilla a la luz. Así que defínelo bien.

Tu cultura atraerá a tu gente. Nike comenzó siendo una empresa de *running*. La fundó un corredor y entrenador de atletismo. Su primer empleado fue Jeff Johnson. También era corredor. Esa era su cultura. Querían cambiar el *running*.

Johnson creó los primeros folletos de productos, anuncios impresos y materiales de marketing, e incluso hizo las fotografías para los catálogos de la empresa. Puso en marcha un sistema de pedidos por correo, abrió la primera tienda. También diseñó varios de los primeros modelos de zapatillas Nike, e incluso se sacó de la manga el nombre de Nike en 1971.

Más aún, escribió cartas a los atletas para ver cómo iban los entrenamientos. Cuando llegaron los Juegos Olímpicos, estos atletas tuvieron que elegir entre usar Adidas o Nike, y se decantaron por el que se había interesado en su actividad. Esas cartas cambiaron la historia de Nike.

¿Quién será tu primer empleado?

# EMPLEADO NÚMERO 1

# CONTRATA DESPACIO

Haz que la entrevista sea más larga. Una hora no es suficiente. Conocerás mejor a las personas si les planteas un proyecto real. Establece un plazo de entrega corto. Observa cómo les va. Te revelará mucho más que una entrevista.*

Sácalos de la oficina. Sal a correr con ellos. Tomad una cerveza juntos. Míralos como personas. ¿De verdad contratarías a alguien con quien no pudieras pasar un rato?

Recuerda, contratar a la persona equivocada te costará mucho tiempo de gestión. Gran parte de tu estrés se derivará de tener que lidiar con una contratación incorrecta. Entonces, ¿puedes permitirte dedicar más tiempo a alargar el proceso de contratación? Yo creo que sí.

*Los introvertidos no lo hacen bien en las entrevistas, pero pueden tener las mejores ideas.

# DISPARA
# RÁPIDO

No todos los fichajes funcionan. Y ambas partes se dan cuenta de ello rápidamente. En tres meses sabes que, bueno, no va a terminar bien. Y, aun así, las empresas no hacen nada. La persona no está contenta. El equipo no está contento.* Y eso puede durar años. Incluso décadas.

Te debes al equipo, a la cultura y, en última instancia, al propósito de la empresa. Por eso tienes que ser rápido en lidiar con lo difícil.

Esa persona sería más feliz en otro trabajo. El equipo sería más feliz con otra persona. Y la vida es demasiado corta como para estar triste. La gente comete el error de ser amable y no enfrentar el problema. Esto solo hace que la persona esté más infeliz durante más tiempo. Puede parecer contraintuitivo, pero actuar rápido es un gesto de bondad.

* Los jugadores A prefieren rodearse de jugadores A.

# SIN LUGAR PARA LOS QUE JUEGAN SOLOS

Una forma de destrozar un equipo es contratar a alguien con talento pero con la capacidad, también, de acabar con el espíritu de equipo. En otras empresas los han mimado por su talento. Se les ha permitido ser monstruos. Solo piensan en sí mismos. Y harán todo lo posible por ganar. Lo único que no harán es poner al equipo por delante.

Todos hemos jugado al fútbol con un jugador con talento que puede hacer de todo con el balón en los pies menos pasárselo a sus compañeros. Puede marcar un gran gol, pero el equipo perderá el partido.

Un buen amigo me contó la historia de las siete cerillas. Cómo cada una en solitario puede partirse pero cómo unidas con irrompibles. Las personas de más talento saben que no pueden hacerlo solas. Los equipos ganan.

EMPLEA ANTES A LAS GANAS QUE AL TALENTO

En un mundo ideal tendrías ambas cosas en una sola persona. Desgraciadamente, no siempre es posible. Por eso, en tu lugar, yo elegiría las Ganas.

El Hambre siempre tiene ganas de aprender. Siempre trata de mejorar. El Hambre siempre está haciendo horas extra. El Hambre nunca tiene pereza.

Con el tiempo, el Hambre trabaja tan duro en lo suyo que su Talento comienza a despuntar incluso por encima del de alguien con un don natural para ello.

Generalmente el Hambre no está segura de tener Talento. Por eso sigue trabajando en ello. Nunca pierde el Hambre. Así que sigue practicando. Malcolm Gladwell cree que «el Talento es el deseo de practicar». Estoy seguro de que tiene razón.

De hecho, el talento proviene del Hambre de mejorar. El Hambre por algo no se puede dar. No se entrena ni se inspira. O lo tienen en el vientre o no lo tienen. O lo llevan consigo al cruzar la puerta o no.

Estoy de acuerdo con el presidente del Real Madrid: lo caro es barato. Se refiere a que un jugador de setenta millones de libras es una mejor compra que uno de diez millones. Los Galácticos (como él los llama) vendieron más camisetas, consiguieron mayor cobertura mediática e hicieron más por la marca «Real Madrid» en todo el mundo. Los jugadores de diez millones de libras no consiguieron nada de todo eso, por eso los considera caros.

Supongo que no tienes setenta millones de libras para gastar en talento. Pero si quieres triunfar, tendrás que trabajar con los mejores.

Así que, ya sea un programador de páginas web, un fotógrafo, un diseñador, un pirata informático, les puedes decir que tu pequeño presupuesto significa libertad creativa. Si hay una cosa que buscan los creativos es mostrar al resto del mundo lo creativos que son. No puedes darles mucho dinero, pero puedes darles mucha libertad. Déjalos volar. Viven para volar.

# TRABAJA CON LOS MEJORES

## SOBRE TODO SI ERES UNA
## *STARTUP* CON POCO PRESUPUESTO

# CONSTRUYE UN EQUIPO VIRTUAL

Cuando estás en modo de arranque no puedes contratar a todo el personal que quisieras desde el primer día. Pero sabes quiénes son, ¿verdad? Llevas años admirando su trabajo.

Entonces, ¿cómo puedes incorporarlos a tu equipo? Escríbeles. Enséñales el álbum de fotografías de tu trabajo. Y cuéntales tu misión. Y háblales del cambio que quieres generar.

Hace poco estaba trabajando con nuestro diseñador gráfico Nick Hand (miembro del equipo virtual) en el Anuario de Hiut Denim Co. Entró con un libro de un famoso diseñador gráfico e ilustrador de Nueva York llamado James Victore. Me encantaba su trabajo. Lo tenía en mis álbumes de recortes. «Necesitamos trabajar con gente tan buena como él», dijo Nick.

Y yo me quedé pensando que no necesitamos trabajar con gente como él. Necesitamos trabajar *con él*. Así que, de alguna manera, conseguí su correo electrónico. Y le escribí. Le dije que mi pueblo iba a volver a hacer *jeans*. Y que si queríamos que todos recuperaran sus puestos de trabajo, teníamos que ser excelentes. Y eso significaba que solo podíamos trabajar con los mejores. Así que teníamos que trabajar con él. Y me respondió: «Cuenta conmigo».* Si hubiera echado un vistazo a nuestro presupuesto, nunca le hubiera enviado el correo electrónico.

*También ha diseñado la portada de este libro.

# CONVIERTE TU EMPRESA EN UN LUGAR EN EL QUE APRENDER

La gente no se va de las empresas por dinero. Dicen que sí. Pero no lo hacen.

Emocionalmente se van mucho antes que físicamente. Se van porque no se les valora, no se les presentan nuevos retos ni se sienten parte de algo que les importa. Un punto central de todo este descontento es que han dejado de aprender.

Crear una cultura de aprendizaje que los mantenga conectados emocionalmente es tu trabajo. Tienes que conseguir que pongan el corazón en el negocio. La formación es la mejor manera que conozco de hacerlo.

Y no se trata solo de formación para que hagan mejor su trabajo. Eso es lo habitual. Tendrás que ir más allá para involucrar a la gente. Deberás enviarlos a cursos, incluso si un curso no está relacionado con lo que hacen contigo. Las mejores empresas ven a la persona en su totalidad, y no solo el pequeño segmento de lo que hacen para ti.

LO ÚNICO PEOR
QUE FORMAR
A TUS
EMPLEADOS
Y QUE
SE VAYAN
ES NO
FORMARLOS Y
QUE SE QUEDEN.
HENRY FORD

# CONFIANZA

Tina Roth Eisenberg (conocida como @swissmiss) impartió una charla en Do USA. Habló largo y tendido sobre cómo creó sus increíbles empresas, el equipo y la importancia de pasárselo bien. Una de las diapositivas que mostró decía: La confianza genera **magia.**

Sí, como Tina, creo en los equipos. Creo que cuando un equipo se une, hay muy poco que no pueda hacer. Pero algunos equipos terminan peleando entre ellos como locos y, posteriormente, siguen el camino del dinosaurio. Es algo que me fascina. ¿Por qué unos equipos se unen y otros se desmoronan?

Lo sé, para levantar un negocio, primero tengo que crear un equipo. Es una de las principales habilidades que un emprendedor tiene que adquirir.

# CREA

Construir equipos no es difícil. He aprendido que hay dos cosas que los motivan. En primer lugar, les gusta cohesionarse en torno a la idea fundacional de la empresa. Cuantas más cosas cambie esa idea, más gente se reunirá en torno a ella. El propósito es importante.

El segundo factor que cohesiona a los equipos es un líder en el que se pueda confiar. La confianza es un multiplicador de energía. Para que el equipo confíe en el líder, este también ha de confiar en el equipo. La confianza tiene que ser recíproca.

Pero la mayoría de las empresas no están configuradas para confiar en su gente. De hecho, están configuradas para lo contrario. Y, sin embargo, la confianza es gratuita. Genera lealtad, pasión y nos ayuda a unirnos. La magia de la confianza es que ayuda a un equipo a convertirse en equipo.

# JUEGA EL JUEGO LARGO

El problema de una empresa con una misión es que es importante para ti.

Y, vaya, puede consumirte y te consumirá. Cada hora de vigilia. Cada hora de sueño. En casa. En el trabajo. Y en el trayecto entre ambos.

Ese es el trato. Pero tienes que encontrar la manera de cuidarte. Porque cuidas de muchas otras personas que dependen de ti.

Acepta que trabajar toda la noche es un rito de paso, y los fines de semana laborales, gajes del oficio. Pero acepta también que no pueden convertirse en la norma.

¿Cansado? Vete a casa. Vuelve mañana fresco. Los negocios nos saben manejar muy bien. No les dejes.

# EL SUEÑO
# ES EL
# MULTIPLICADOR
# DE ENERGÍA

Los grandes negocios se construyen con enormes cantidades de energía. Lo cual es incluso más importante que enormes cantidades de financiación.

Puedes dejar que la vela arda por ambos extremos durante un tiempo, pero llega un momento en que el rendimiento comienza a bajar.

Tu trabajo es liderar. Tu trabajo es tomar decisiones. Tu trabajo es ser un manojo de energía y entusiasmo.

Puede sonar aburrido, pero, para que tu empresa tenga las mayores probabilidades de éxito, necesitas dormir las horas que tu cuerpo te pide. No hay condecoración para quien está más cansado.

# SI QUIERES GARANTÍA, CÓMPRATE UNA TOSTADORA

Un consejo: si eres de los que se preocupan mucho, montar un negocio quizá no sea para ti. No viene con garantía. Las cosas rara vez salen según el plan de negocio. Y cada nuevo día trae consigo un nuevo reto.

Entonces, ¿cuáles son los trucos para dejar de preocuparse?

En primer lugar, escribe en una hoja de papel: «¿Qué es lo peor que puede pasar? ¿Que pierda esta casa? ¿Que pierda mi reputación? ¿El miedo al fracaso?». Y acepta todo esto antes de empezar. Si no puedes aceptarlo, no comiences.

# LEE
# ESTE
# LIBRO

Dale Carnegie escribió un libro sobre cómo lidiar con las preocupaciones. Se dio cuenta de que los hombres de negocios se estaban muriendo de enfermedades relacionadas con el estrés. Investigó en su biblioteca local. Había 47 libros sobre gusanos. Y solo uno sobre la preocupación. Eso le hizo preocuparse tanto que fue y escribió un libro al respecto.

Puede que lo escribiera hace medio siglo, pero entre sus páginas hay algunos consejos muy sabios. Antes de ponerte en marcha para montar tu historia, aprende algunas técnicas que te ayudarán a sobrellevar las preocupaciones. Los negocios saben cómo manejarte.

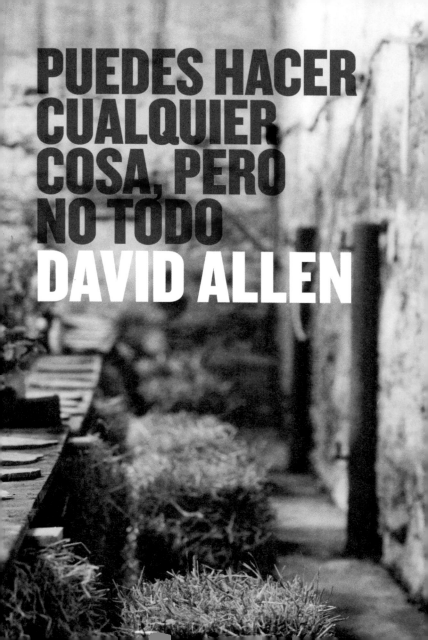

# ENCUENTRA UNA DISTRACCIÓN

A muchas de las personas que dirigen un negocio les resulta difícil desconectar. Es porque son fanáticos del control obsesivo. Que, por cierto, no tiene nada de malo.

Una forma de desconectar es encontrar otra cosa con la que obsesionarse. Practica un deporte o consigue un pasatiempo y obsesiónate con ello. Practica golf, pesca, yoga, fabrica herramientas, haz pan, etcétera.

Mientras estés obsesionado con tu pasatiempo podrás dejar de pensar en el negocio; también puede darte ideas que te ayudarán. A veces, la mejor forma de tener ideas es pensar en otra cosa.

El deporte es importante. Hagas lo que hagas, tómate un tiempo. Ya sea una carrera, una caminata, un paseo en bicicleta o meditación diaria.

El cerebro necesita descansar. Trabaja el cuerpo, y mientras el cuerpo esté tan ocupado haciendo sus cosas, el cerebro se apagará.

Te sentirás más fresco física y mentalmente. Siente el ardor del deporte. No hay que enviar correos electrónicos, ni pagar facturas, ni mantener conversaciones con personas incómodas. Estás libre.*

El deporte elimina el estrés del día y lo deja muy atrás.

*Hay que aprovechar para sentirse libre tan a menudo como sea posible.

# LA VIDA ES COMPLICADA. PERO EL DEPORTE ES SIMPLE

A LA
NATURALEZA
LE GUSTA
EL EQUILIBRIO

Y también a los cuerpos y a las mentes que trabajan para ti. Cuando estás involucrado en una *startup*, la vida puede descontrolarse rápidamente. Si lo permites. Es cierto, habrá ocasiones en las que una fecha límite signifique trabajar hasta tarde. Y sí, la adrenalina es el combustible de las *startups*, sobre todo porque es barata. No porque sea el mejor combustible para montar un negocio a largo plazo.

Por lo tanto, tu trabajo es cuidar al equipo porque ellos cuidan del negocio. Así que tienes que asegurarte de que esos momentos locos no se conviertan en la norma. Tienes que crear una cultura en la que la gente tome sus vacaciones, en la que trabajar horas extra sea la excepción, en la que la gente coma bien, duerma bien y aproveche su tiempo. (Lee el libro *Organízate con eficacia* de David Allen. Es un arma secreta.)

Si puedes crear una cultura de equilibrio, tu equipo será más creativo, pensará mejor y también será mucho más ameno.

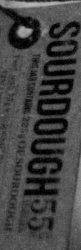

SOURDOUGH 55

THIS JAR CONTAINS 225 g OF SOURDOUGH

PLEASE SEE REVERSE FOR CARE INSTRUCTIONS

within 48 hours

# HAZ BIEN UNA COSA.

ES SUFICIENTE

Ocúpate de cada día, uno a uno. No te quedes en el pasado. No vivas en el futuro. Sigue trabajando en el ahora. Concentrado. Trabajando en lo que te importa. Quédate en el ahora.

No pierdas tu tiempo lamentándote. Da las gracias por cada día. Y disfruta del viaje. Es tu viaje. Tú tomas las decisiones. Haz que tu mente busque lo positivo y no lo negativo. Rodéate de personas que te acepten y no te depriman.

Incluso en los días más difíciles, mirarás hacia atrás con una sonrisa.

## Libros

### Propósito

CHOUINARD, Y., *Que mi gente se vaya a hacer surf: educación de un empresario rebelde,* Madrid, Desnivel, 2006.

SINEK, S., *Empieza con el porqué: cómo los grandes líderes motivan a actuar,* Barcelona, Empresa Activa, 2018.

BURLINGHAM, B., *Small Giants: Companies That Choose to be Great Instead of Big,* Nueva York, Portfolio, 2005.

### Marca

ZIEGLER, M., P. ZIEGLER y B. ROSENZWEIG, *The Republic of Tea: The Story of the Creation of a Business, as Told Through the Personal Letters of Its Founders,* Nueva York, Crown, 1994.

ISAACSON, W., *Steve Jobs: la biografía,* Barcelona, Debate, 2011.

ARDEN, P., *Usted puede ser lo bueno que quiera ser,* Londres, Phaidon, 2005.

SACHS, J., *Winning the Story Wars: Why Those Who Tell and Live the Best Stories Will Rule the Future,* Brighton, Harvard Business Review, 2012.

### Producto

RIES, E., *El método de Lean Startup,* Barcelona, Deusto, 2012.

MCKEOWN, L., *The Synergist: How to Lead Your Team to Predictable Success,* Londres, Palgrave MacMillan, 2012.

GRAHAM, P., *Hackers & Painters: Big Ideas from the Computer Age,* Sebastopol, O'Reilly, 2004.

### Tiempo

ALLEN, D., *Organízate con eficacia: el arte de la productividad sin estrés,* Barcelona, Empresa Activa, 2015.

KOCH, R., *El principio 80/20: El secreto de lograr más con menos,* Barcelona, Paidós Empresa, 2009.

FERRISS, T., *La semana laboral de 4 horas. No hace falta trabajar más,* Barcelona, RBA, 2016.

### Personas

SINEK, S., *Los líderes comen al final. Por qué algunos equipos funcionan y otros no,* Barcelona, Empresa Activa, 2015.

# Libros

WALSH, B., *The Score Takes Care of Itself: My Philosophy of Leadership*, Nueva York, Portfolio, 2010.

MARQUET, L. D., *¡Cambia el barco de rumbo!: Una historia real sobre cómo transformar a seguidores en líderes*, Barcelona, Conecta, 2016.

WOODEN, J., *Wooden on Leadership: How to Create a Winning Organization*, Nueva York, McGraw-Hill, 2005.

JOHNSON, S., *¿Quién se ha llevado mi queso? Cómo adaptarnos a un mundo en constante cambio*, Barcelona, Empresa Activa, 2019.

## Ideas

SEGALL, K., *Increíblemente simple. La obsesión que ha llevado a Apple al éxito*, Barcelona, Gestión 2000, 2015.

YOUNG, J. W., *Una técnica para producir ideas*, Madrid, Eresma, 1982.

PRESSFIELD, S., *La guerra del arte: rompe las barreras y vence tus batallas creativas internas*, Nueva York, Black Irish Books, 2013.

BUFFET, M., Y D. CLARK, *El tao de Warren Buffett. La sabiduría de un genio*, Barcelona, Alienta, 2021.

## Tú

CARNEGIE, D., *Cómo suprimir las preocupaciones y disfrutar de la vida*, Barcelona, Debolsillo, 2021.

PRESSFIELD, S., *Turning Pro: Tap Your Inner Power and Create Your Life's Work*, Nueva York, Black Irish Books, 2012.

SMART, J., *Clarity: Clear Mind, Better Performance, Bigger Results*, Mankato, Capstone, 2013.

BABAUTA, L., *El poder de lo simple*, Barcelona, Booket, 2012.

SAINT-EXUPÉRY, A. DE, *El Principito*, Barcelona, Salamandra, 2008.

SUZUKI, SH., *Mente zen, mente de principiante*, Madrid, Gaia, 2012.

## Otros recursos

### Citas

«La confianza genera magia.»
Tina Roth Eisenberg, alias SwissMiss

«No puedes llegar a lo maravilloso sin pasar por lo normal.»
Bill Withers

«Las tres adicciones más dañinas son la heroína, los carbohidratos y un salario mensual.»
Nassim Nicholas Taleb

«Puedes hacer cualquier cosa, pero no todo.»
David Allen

«Cuanto más clásico puedas hacer algo, más tiempo durará.»
Paul Arden

«Ve tras el trabajo, y no tras el dinero. Y el dinero llegará.»
Paul Arden

«Sé ordenado en tu vida, común y corriente, para que puedas ser violento y original en tu trabajo.»
Gustave Flaubert

«La eficiencia solo importa si no te gusta lo que estás haciendo.»
Adam Shand
mientras construía su casa

«La mayor inversión que puedes hacer es en ti mismo, no en una casa.»
Warren Buffet

«El peligro para la mayoría de nosotros no es que nuestra meta sea demasiado alta y no la alcancemos, sino que sea demasiado baja y la alcancemos.»
Miguel Ángel

### Sitios web

thedolectures.com

99u.com

creativemornings.com

paulgraham.com

thesummit.co

scrapbookchronicles.hiutdenim.co.uk

patagonia.com/blog

ted.com

# Sobre el autor

David Hieatt ha sido descrito como un genio del marketing. Después de dejar Saatchi & Saatchi, convirtió a howies en una de las marcas de ropa deportiva más influyentes de los últimos años. Después de venderla a Timberland, cofundó The Do Lectures, que tiene lugar cada año en el oeste de Gales. Fue votado como uno de los diez mejores festivales de ideas del mundo por *The Guardian*. Más recientemente puso en marcha Hiut Denim en su ciudad natal de Cardigan, que había tenido la fábrica de *jeans* más grande de Gran Bretaña. El propósito de Hiut Denim es recuperar el empleo de cuatrocientas personas. David ha hablado en Apple, Google, Red Bull y muchas otras compañías, y ha brindado conferencias en foros de primer nivel. Es autor de *Do Open*, publicado por Do Books en 2017 y de *The Path of a Doer* (2010). También dirige talleres y ha lanzado cursos en línea a través de The Do Lectures basados en las ideas de *Propósito* y *Do Open*.

El autor y Do Books dan las gracias a los siguientes lectores que brindaron su apoyo e hicieron realidad la primera edición de este libro a través de la plataforma de financiación colectiva Unbound.

Tom Abba
Phil Adams
Marcus Ainley
Jon Akass
Elizabeth Kairys Allspaw
Jeff Alpen
Mishaal AlQurashi
Rob Amour
Andy Annett
Steve Ardagh
Lorne Armstrong
Helen Arney
Andrew Arnold
Alicia Artiaga
James Axtell
Tom Baldwin
Iancu Barbarasa
Martin Bavio
Graham Beanlands
Richard y Mimi Beaven
Samantha Bell
Steven Bennett-Day
Sarah Benton
Andrew Beverley
Jon Boaden
James Boardwell
Clara Boland
Nick Bolton
Sheila Bounford
Justin Bovington
Stuart Bowdler
Lisa Bowen
Julie Bozza
Toby Bray
Kim Bremer
Nic Brisbourne
Jayne Bromfield
Dan Burgess
Liam Burgess
Markus Busch
Alex Butler
Stuart Butler
Jerome Camblain
Beth Cwtch Camp
Sarah Mac Cann
Xander Cansell

canteen canteen
David Carroll
Mark Carroll
Matthew Chamberlain
Hinching Chan
Juliet Chen
Sean Pillot de Chenecey
Andy y Lauren Clark
Toby Clark
Richard Clarke
Roxanne Coady
Sandy Coffey
Deborah Colella
Ben Coleman
Stevyn Colgan
James Cooper
Sarah Corbett
Mike Coulter
Ed Cowburn
Bella Cranmore
Ian Crocombe
Daniel Crowell
David Cummings
Tom Darlington
Ben Davies
DCA Consultants
Jack y Maggie Dean
Elizabeth DeLana
Andy Dennis
Kevin Donnellon
Julie Donovan
Jillian Dougan
James Downes
Mark Durbin
Tim Edwards
Simon Edwards
Tina Roth Eisenberg
Aidan Ellis
Ben Emmens
Cyriel van 't End
Graham, Bertha's Pizza
Paul Farmiga
Christoph Faschian
Chinyere Feasey
Patrick Filbee
Mark Foster

Luke Francis
Mark Franich
Tim Frenneaux
Jamie Fries
Mariken Gaanderse
Hilary Gallo
Carl Gaywood
Bobby George
Adam Gill
Guy Gillon
GJD
Salena Godden
Gary Goodson
Chris Goor
Pete Gosnell
Jon Grafflin
John Grant
Stephen Green
Paul Greer
Iwan Griffiths
Andrew Hale
Susan Harper
Andrew Harrison
Cornel Hess
Ross Hill
Matthew Hinchliffe
Stuart Hobday y
   Stephanie Lynn
Nick Honey
Richard Horne
Jo Howard
John Howe
Daniel Howell
Rich Howell
Alastair Humphreys
Matt Hunt
Zach Inglis
Jodie Inkson
Scott James
Mark Jenkins
Giles Jepson
Bernadette Jiwa
Andy Johns
Mark Johnson
Damion Jones
Barry Jordan

Matthew Judkins
George Julian
Vincent Kamp
Rebecca Kaye
Hilary Kemp
Al Kennedy
Jonathan Kennedy
Jake Kenny
Andy Kent
Dan Kieran
Stephen King
Sarah King
Emma Klose
Andrew Kluge
Lisajane Koea
Jörg Kreß
Carl Laidler
Adrian Lake
Matt Lane
Tom Lawton
Jimmy Leach
Jonny Lennon
Rich Lennon
Alex Lewis
Anthony Lewis
Beth Lewis
Anthony Lewis
Simon Lilly
Sue Llewellyn
Hywel Lloyd
Lloydie Lloyd
Jerry Lockspeiser
Craig Lockwood
Lost in the Forest Institute
Isaac Lowe
Kuan Luo
Pierre Minik Lynge
Ross MacDonald
Rob Malvisi
Johnny Martin
Thomas McConaghie
Andrew Mckee
Les McKeown
Eddie McMullan
James McQuarrie
Chris Mead

Sian Meadowcroft
Sascha Mengerink
Ann Menke
Andy Middleton
Lee Middleton
Rob Miles
John Mitchinson
Vicky Morley
Jennifer Nash
Sarah Newton
Matt Nicholls
Andrew Nicholson
Mike Nicholson
Par Olsson
Anthony Oram
Martin Orton
Avalon Paravicini
David Parker
Andrew Parkes
Nick Pennell
Jonny Philp
Catherine Pickersgill
Alexia Pinchbeck
Kevin Points
Gordon Pollard
Justin Pollard
Gary Pyke
Taff Ramsey
Amaya Darcy Ritson
Eric Roberts
Tom Roberts
Sally Rosenthal
Charles Ross
Laurie Roth
Christopher Ruane
Mary Rush
Rachel Rutter
Karine Sabatier
Claire Sambrook
Christoph Sander
Andre Santos
Jonathan Satchell
Richard Seabrooke
Sean Sharp
Paul Smith
Christopher Smith

Sam Smith
Alisdair y Amanda Smyth
Barry Smyth
Matt Spry
Benedict Steele
Cameron Stewart
Jon Stewart
Mari Stølan
Gordon Stovin
SuperNatural Collections
Chris Sweetman
Patrick Tanguay
Jono Taylor
Mike Teasdale
Simon Terry
Chris Thomas
Piers Thomas
Nicholas Tomlinson
Robert Turrall
Simon Ü
Roderic Vincent
Patrick Walker
Linda Wanstreet
Graeme Ward
Rebecca Ward
Jonathan Waring
Adam Washington
Richard Watson
Tanya Weaver
Richard Webber
Martin Weber
Mike Weiss
Chris Welton
Miranda West
Los Weston de Worcester
Austin White
Max White
Gary Whiteley
   (Maesyffin Mushrooms)
Janet Wilkinson
Adam Williams
Michael Townsend Williams
Jacky Williamson
Arjan van Woensel
Woodsman Bicycle Company
Ben Young

## Libros en esta colección